Lb $^{41}_{912}$

PRÉCIS

DE LA CONDUITE CIVIQUE

DU CITOYEN

BERNARD,

DÉPUTÉ SUPPLÉANT,

DU DÉPARTEMENT DES BOUCHES
DU RHONE.

> Il est innocent celui qui a été opprimé et chargé
> de fers par les assassins du peuple.
> (COLLOT D'HERBOIS et FOUCHÉ *de*
> *Nantes*, *Représentans du Peuple à*
> *Commune affranchie.*)

IL m'étoit difficile de prévoir qu'après avoir été vexé et proscrit, chargé de fers par les fédéralistes et les contre-révolutionnaires de Marseille, pour être ignominieusement traîné devant un tribunal dont l'existence étoit un crime, et qui ne punissoit que les amis de la République

A

et de la liberté, je fusse un jour accusé d'avoir favorisé leurs projets, moi qui n'en ai été persécuté que pour avoir manifesté des principes qui les contrarioient. Pour repousser une aussi grave accusation, je n'ai de force que celle de la vérité ; je la laisserai parler toute seule, et la calomnie, dont je suis en ce moment la victime, sera aisément confondue par le seul récit de ma conduite, depuis le commencement de la révolution.

Habitant d'un village, je m'étois dévoué, sans réserve, à la cause du peuple, avant que la liberté eût donné aux Français étonnés le spectacle de leur régénération. Mes concitoyens voulant me donner une preuve de leur reconnoissance et de leur confiance, m'élurent le premier maire. Je développai, en cette qualité, contre le despote qui les tyrannisoit par toutes les vexations que le régime féodal avoit enfanté en faveur des ci-devant, l'énergie républicaine que j'avois reçue de la nature : mes efforts eurent des succès et des revers. A cette époque, le ci-devant seigneur, qui avoit intérêt d'enlever au peuple de Châteaurenard son plus zélé défenseur, parvint, par l'influence des Bournissac et des Caraman, à me faire décréter, ainsi que quarante autres patriotes, par le tribunal alors existant à Arles, dont les membres furent chefs de l'infame Chiffone, qui arbora l'étendard de la révolte. Cette première vexation, loin de rallentir, ne fit qu'accroître mon zèle; mais lorsque la rébellion d'Arles fut à son comble, pour sauver mes jours, que les contre-révolutionnaires de cette ville et ceux de Chateaurenard avoient proscrits, je fus obligé d'abandonner mes foyers pendant quatre mois, et de vivre errant de retraite en retraite; ma maison fut pillée et incendiée, et ma petite propriété dévastée; les membres de la société populaire que j'avois fondée, furent dispersés; ceux qui avoient montré le plus d'énergie, furent obligés de prendre la fuite, et plusieurs d'entre eux furent saisis, chargés de liens, et traînés dans des cachots.

La journée mémorable du 10 août arrive; les patriotes se rallient; les aristocrates sont terrassés et confondus: je reparois au milieu de mes concitoyens, qui cassent la municipalité Chiffonière, pour la remplacer par des patriotes; je suis nommé électeur, ensuite administrateur du district; et dans cette nouvelle place, je n'ai jamais dévié des principes révolutionnaires qui m'ont toujours animé.

Dans le mois de mai dernier, des commissaires des sections de Marseille sont envoyés par le département pour la convocation des sections, en vertu de son arrêté du 22 du même mois; ils sont annoncés comme de vrais patriotes, et se présentent comme tels dans toutes les communes du district; ils invoquent, dans les sections, l'unité et l'indivisibilité de la République, le respect dss personnes et des propriétés, comme le seul moyen d'asseoir la liberté et l'égalité sur des bases inébranlables. Pour mieux tromper le peuple, ils demandent à l'administration du district dont je suis membre, un ardent patriote pour adjoint; mes collègues me nomment, j'obéis; ils annoncent par-tout que la fière Marseille, qui ne manquoit pas de bataillons, sauroit bien renverser les anarchistes, de même qu'elle avoit renversé le despotisme des tyrans. J'applaudissois à des sentimens qui paroissóient si patriotiques; mais les persécutions qu'ils commencèrent d'exercer sur les patriotes qu'ils désignoient sous le nom d'anarchistes, me firent bientôt ouvrir les yeux; je les examinai de plus près; et, convaincu de leur perfidie, je les abandonnai subitement, et je fus remplacé. La calomnie, ayant devancé mon retour à Tarascon, par les insinuations perfides de ces commissaires, je fus obligé de fuir, pour me soustraire à la vengeance de ceux que je voulois démasquer.

Pendant que je m'occupois à détromper mes concitoyens de Châteaurenard, mes amis, effrayés, vinrent m'avertir qu'on avoit mis en proposition, dans l'assemblée générale des trois sections réunies de Tarascon, de me déclarer traître à la patrie, et de me confisquer le peu de bien que j'ai, qui appartient à mon fils, du chef de sa mère, pour avoir abandonné mon poste, et n'avoir pas assisté au serment que mes collègues avoient prêté devant elles, en vertu de l'arrêté du département, du 19 juin, dans laquelle assemblée j'avois été traité de maratiste et de partisan zélé de la montagne. Pressé par les sollicitations de mes amis, qui vouloient me faire éviter le funeste sort qui me menaçoit, je reparus, quelques jours après, une ou deux fois, pour un instant, à l'administration; mais la dernière, à peine étois-je entré, que la concierge vint prévenir l'administration de me faire cacher, pour me dérober à une troupe de Marseillois, qui vouloient me saisir. Je passai par un escalier dérobé, et je fus me cacher dans une campagne: ma retraite ayant été découverte par les espions qu'on avoit mis à ma poursuite, je fus saisi, traduit au fort de

Tarascon, d'où je fus transféré à Marseille, avec cinquante autres patriotes, chargé de quarante livres de chaînes, et jeté dans les cachots du fort Saint-Jean. Jamais prisonniers n'ont été traînés d'une façon si inhumaine et si ignominieuse; jetés sur des charettes, accablés sous le poids des chaînes, exposés à toute l'ardeur du soleil, dans la saison la plus brûlante, sous le ciel le plus méridional de la France, on nous donnoit en spectacle au peuple, qui croyoit, en nous insultant, se venger de ses plus cruels ennemis. Nous étions enfermés, tous les soirs, dans des écuries, comme des bêtes féroces, sans qu'on daignât nous délivrer de la gêne de dormir, attachés plusieurs ensemble, quoique nous fussions gardés à vue. On nous dit, en route, qu'un bataillon marseillois, que nous allions rencontrer, devoit nous massacrer. Nous implorons l'humanité des tigres qui nous conduisoient; nous les supplions, mais en vain, de nous faire prendre la petite route, pour éviter une mort assurée : rien ne peut fléchir ces hommes de sang : heureusement on n'avoit voulu que nous effrayer. Nous avions la douleur d'apprendre chaque jour, dans nos cachots, que le tribunal populaire punissoit, par la mort, nos principes et nos sentimens, lorsque les victoires de l'armée républicaine, commandée par Carteaux, contre les fédéralistes Marseillois, firent tomber mes chaînes.

Les premiers momens de ma liberté furent employés à rétracter, dans le sein de l'administration du district, tous les actes auxquels j'avois pu concourir, pendant la tenue des sections, avant mon emprisonnement. Je volai de-là à Châteaurenard, lieu de mon domicile, où je m'empressai de faire accepter la constitution républicaine par l'assemblée primaire, qui me nomma son président. Instruit en même temps, que j'avois été appelé par le comité des décrets à remplacer l'infame Barbaroux, et que le département fédéraliste avoit retenu la lettre de convocation, je me présentai devant les représentans du peuple, Rovere et Poultier, qui, après avoir pris sur mon compte tous les éclaircissemens nécessaires, ainsi que l'a dit ce dernier à la tribune de la Convention, m'expédièrent un passe-port. Empressé de me rendre à mon poste, et, sans consulter mes forces épuisées par le séjour que j'avois fait dans les cachots, je pars à l'instant. A mon arrivé à la ci-devant ville de Lyon, je fus traduit devant la municipalité. Je ne pus retenir mon indignation, sur les principes qu'elle me manifesta : j'eus le courage de lui reprocher sa rébellion, et les maux affreux qu'elle attireroit sur cette ville infame; et lorsqu'elle eut vu, par mon passe-port, que j'allois remplacer le traître Barbaroux, elle me fit conduire en prison par des gendarmes, en me traitant, avec dérision, de maratiste et de montagnard : heureusement, le lendemain, le canon de l'armée républicaine se fit entendre. L'épouvante se répandit dans la ville : tous les citoyens coururent aux armes. Les gendarmes qui me gardoient, persuadés que j'étois victime de l'injustice, favorisèrent ma fuite. Je traversai la Saône avec beaucoup de peine : je me jetai dans le ci-devant Forez; et après un détour de plus de trente lieues, je repris la route de Paris.

Voilà le tableau fidelle de ma conduite; voilà l'histoire des persécutions et des tourmens inouis que j'ai eu à souffrir de la part des fédéralistes : mais quelques cruels qu'ils aient été, le plus affreux pour moi, est sans doute d'être accusé d'avoir été leur partisan, tandis que je n'ai été que leur victime, et que j'ai droit aux justes indemnités qui sont dues aux patriotes persécutés.

L'accusation portée contre moi est fondée sur un acte authentique, revêtu, dit-on, de ma signature. Cet acte contient le procès-verbal d'adhésion au manifeste de Marseille, et de prestation de serment, dicté par ces contre-révolutionnaires. J'affirme, en mon ame et conscience, que je n'ai jamais prêté ce serment, qui répugnoit à mon cœur : j'affirme que j'étois à Château-renard, et je le prouverai, lorsque mes collègues l'ont prononcé dans l'assemblée générale des trois sections réunies de Tarascon, et en présence d'un grand concours de citoyens; et je défie tous ceux qui en ont été les témoins, de pouvoir dire que j'y aye assisté. Or, s'il étoit possible que ma signature se trouvât au bas de cet acte liberticide, sur-tout en qualité de procureur-syndic en remplacement, ce qui est inconcevable pour moi, ce ne pourroit être qu'un faux, ou qu'une surprise plus inconcevable encore, puisque, depuis long-temps, un autre membre de l'administration remplissoit les fonctions de procureur-syndic en remplacement, qui m'avoient été précédemment confiées.

Ah! si j'eusse voulu prêter ce serment impie, aurois-je été persécuté comme je l'étois ? aurois-je été traîné à Marseille, quand il étoit de notoriété publique qu'on n'y traînoit que ceux qui l'avoient refusé ? Eh! pourquoi les contre-révolutionnaires et les fédéralistes m'auroient-ils traité en ennemi, si j'eusse pensé comme eux, si j'eusse agi comme eux, si j'eusse voulu ce qu'ils vouloient? La preuve de mon innocence; la preuve que je professois des principes qui n'étoient pas les leurs; la preuve enfin, que je n'étois ni le complice, ni le fauteur de leurs liberticides projets, est dans l'atrocité de leur conduite envers moi.

Si l'on considère l'infame conduite de mes dénonciateurs, on sera indigné de leur méchanceté. Requis de fournir tous les renseignemens qu'ils pourroient avoir sur mon compte, ils taisent, avec une cruelle perfidie, ma conduite civique, depuis la révolution; eux qui en ont été mille fois les témoins, ils dissimulent les persécutions multipliées que j'ai souffert, lorsqu'elles ont été notoires, et qu'elles ont fait époque dans nos contrées; ils laissent ignorer que j'ai constamment propagé les principes tutélaires de notre révolution, et démasqué, avec courage et énergie, les aristocrates et les fédéralistes. Et ces lâches ont la feinte modération de dire qu'ils ne se permettront aucune réflexion : et pourquoi n'ont-ils pas parlé des vexations que j'ai essuyées de la part des suppôts de l'ancien régime, des Bournissac, des Caraman et des Chiffoniers d'Arles; de mon exil, de mes arrestations, de mes chaînes, de mon transmarchement à Marseille, pour me traduire devant un tribunal contre-révolutionnaire; de mon séjour dans les cachots, de mes longues angoisses, de la haine invétérée des ennemis de la République une et indivisible; de tous les tourmens enfin, que j'ai éprouvés pour la cause du peuple ? Mais ce que mes ennemis n'ont pas voulu dire, se trouve déjà rappelé dans la délibération de la société populaire de Châteaurenard, du 12 octobre dernier (vieux style), qui a été lue à la tribune de la Convention, et dans celle du 2 frimaire, prise par la même société, consultée par le comité des décrets, de laquelle délibération copie est ci-après.

Telles sont les persécutions inouies que mon ardent civisme, et mon entier dévouement à la révolution m'ont fait souffrir jusqu'à ce jour, de la part des contre-révolutionnaires et des fédéralistes, auxquels il ne reste aujourd'hui d'autre espoir que d'armer les patriotes les uns contre les autres, pour leur faire détruire leur propre ouvrage.

Rassuré par une conscience pure, par le sentiment intime de n'avoir jamais eu la moindre idée que ne puisse approuver le patriote le plus intègre, j'attends, sans inquiétude, le jugement que la Convention nationale doit prononcer entre mes accusateurs et moi.

BERNARD.

LIBERTÉ, ÉGALITÉ.

COPIE

DE LA DÉLIBÉRATION

DE LA SOCIÉTÉ POPULAIRE

DE CHATEAURENARD,

Dont l'Extrait est déposé au Comité de Sûreté générale.

SÉANCE *du 2 Frimaire, l'an* IIe. *de la République, une et indivisible.*

LE président ayant ouvert la séance en la manière accoutumée, un secrétaire a fait lecture de la lettre du comité des décrets de la Convention nationale, en date du 25 de Brumaire, ainsi que du procès verbal de la Convention, à l'effet de demander des renseignemens sur la conduite des suppléans, et notamment sur celle du citoyen Marc-Antoine Bernard, député du département des Bouches du Rhône à la Convention nationale, afin de ne laisser dans son sein que des vrais amis de la liberté et de l'égalité, et d'en chasser ceux qui auroient manifesté des principes contraires.

Sur quoi la Société applaudissant aux vues sages du comité, et empressée de satisfaire à ses désirs, sur la demande qu'il vient de lui faire, relativement au citoyen Marc-Antoine Bernard, habitant de cette Commune, Représentant du Peuple français, et de mettre la vérité dans tout son jour : considérant que personne, mieux qu'elle, ne peut apprécier ledit Bernard, et lui rendre toute la justice qui lui est due, parce qu'elle l'a vu et suivi constamment dans toute sa conduite, depuis le commencement de la révolution jusqu'à ce jour : considérant que, depuis 1789, il n'a cessé, dans toutes les places d'administration qu'il a occupées sans interruption, d'être l'ami ardent du peuple, l'intrépide défenseur de ses droits, le soutien des foibles, l'asile des opprimés, le fléau de l'aristocratie, la terreur des agens du régime féodal : considérant que, le premier, et avant même la révolution, il osa attaquer de front cet hydre à cent têtes ; qu'il eut le courage de s'exposer à toute sa fureur, dans un temps où il étoit si dangereux d'y toucher ; que, le premier, et pour défendre les intérêts du peuple, il eut la force de lutter contre le tyran qui l'opprimoit, publier ses injustices, dévoiler ses usurpations, s'opposer à ses iniques projets, et l'arrêter dans le cours de ses crimes; considérant que, le premier, il a été l'apôtre, l'apologiste des droits sacrés de l'homme, formé l'opinion publique, créé le patriotisme dans cette Commune, élevé à la hauteur de la révolution, et enflammé ses habitans des sentimens républicains qui les distinguent, et dont ils ont donné, dans tous les temps, des preuves non équivoques: considérant que, depuis quatre ans, sa vie entière n'a été employée, consacrée qu'à la cause de la liberté; qu'il n'a eu d'autre ambition que de la voir triompher de tous ses ennemis; que, dans le cours de la révolution, rien n'a jamais pu affoiblir son courage, ni ébranler sa fermeté; qu'il n'est point de sacrifices qu'il n'ait fait, quelques pénibles qu'ils fussent, d'obstacles qu'il n'ait tenté de surmonter, de dangers auxquels il ne se soit exposé, de persécutions qu'il n'ait éprouvées, de revers qu'il n'ait essuyés: considérant, qu'ennemi implacable des injustices et des abus, il n'a cessé de les attaquer et de les combattre jusques dans leur dernier retranchement; qu'inutilement on auroit voulu le tenter par des promesses, l'intimider par des menaces; il a toujours bravé les uns et méprisé les autres : considérant qu'il seroit trop long de retracer ici tout ce que son zèle lui a inspiré pour les progrès de la révolution, et le triomphe de la République ; qu'il n'est presque aucune action de sa vie politique qui ne porte l'empreinte du patriotisme le plus brûlant, et qui ne rappelle quelque bienfait ou le désir d'être utile à sa patrie : considérant que, dans les fonctions de maire, d'électeur, d'administrateur, il s'est oublié tout entier, pour n'être qu'à ses devoirs ; que la justice a été constamment sa vertu, et le bien public son idole ; que c'est le point unique qu'il a vu, auquel il s'est attaché, et vers lequel il a tendu sans relâche : considérant que son zèle infatigable pour les intérêts du peuple lui a suscité autant d'ennemis qu'il comptoit d'oppresseurs impitoyables ; que c'est contre lui qu'ils se sont acharnés, lui qu'ils ont poursuivi, calomnié, outragé, persécuté de toutes les manières ; que sa vie a été plusieurs fois en danger, et qu'il n'est aucun moyen qu'on n'ait employé pour le perdre, parce qu'on se persuadoit qu'avec lui finiroit le patriotisme dont il animoit ses concitoyens : considérant qu'au commencement de l'année dernière, lors de la contre-révolution de cette Commune, il fut exposé au péril le plus imminent ; que, cent fois, on tenta de l'assassiner, et que ce ne fut qu'à la fuite et à l'exil qu'il dût son salut ; que les ennemis de la liberté, ne pouvant assouvir leur rage et leur fureur sur sa personne, l'outragèrent dans ses parens, dans son enfant, dans ses propriétés, de la manière la plus révoltante et la plus inouie : considérant que celui qui avoit été, dans tous les temps, l'objet de la haîne et de la vengeance des vils aristocrates, ne pouvoit manquer de devenir celui de leur fureur, au moment où elle pouvoit avoir un libre cours ; qu'à peine les projets liberticides de Marseille eurent éclatés, il fut désigné, ainsi que les meilleurs patriotes, comme une des principales victimes qui devoit tomber sous le fer des assassins ; il fut arrêté arbitrairement, saisi, enchaîné, traîné honteusement, comme un vil scélérat, dans les cachots de cette ville rebelle, pour y attendre l'injuste arrêt de mort qui devoit le punir de son amour pour la révolution : considérant que, plus son civisme avoit été éclatant, plus on s'efforçoit de rendre son ignominie publique, de multiplier ses souffrances, d'aggraver ses tourmens, par tout ce qu'une cruauté recherchée peut inventer de plus sensible à un cœur innocent : considérant que tant de barbarie n'avoit pu altérer l'ardeur de son patriotisme ; qu'à peine échappé, par une espèce de miracle, des prisons de l'infame Marseille, son premier soin fut de travailler, non pour lui, mais pour l'établissement de la République, de rallier les patriotes opprimés, que sa cruelle détention avoit dissipés et mis en fuite ; de ranimer leur courage abattu, enflammer leur patriotisme, leur développer, dans l'assemblée primaire qu'il présida, et avec toute l'énergie possible, les avantages d'une constitution républicaine, leur faire accepter l'acte constitutionnel, et jurer de le défendre jusqu'à la dernière goutte de leur sang : considérant qu'une conduite si généreuse, si franche, si loyale, ne peut être que l'effet des vertus civiques fortement gravées dans le cœur, et forme le caractère d'un vrai républicain : considérant que c'est sous des traits si précieux que le citoyen Marc-Antoine Bernard s'est toujours montré à ses yeux, sans se démentir jamais, et que c'est par-là qu'il a mérité, à juste titre, toute la confiance et l'amour de ses concitoyens : considérant que, si, momentanément, il a paru prendre part à la formation des sections du district, c'est uniquement parce qu'il en ignoroit le but, et que le glaive des fédéralistes de Marseille étoit suspendu sur la tête de tous les patriotes, et notamment sur la sienne; qu'il falloit ou se dérober à leurs regards, ou devenir les victimes de leur fureur : considérant que, dans tous les temps, malgré les dangers qui le menaçoient, il prêcha constamment l'unité et l'indivisibilité de la République, le respect des personnes et des propriétés, l'observation des lois et le maintien du bon ordre; que, justement indigné du despotisme affreux qu'il voyoit s'établir, il en témoigna hautement les plus grandes horreurs ; qu'il s'éleva avec force contre les actes arbitraires, les arrestations illégales, dont Tarascon fut le premier théâtre, et qu'il mérita, par son zèle, d'en faire bientôt la malheureuse épreuve : considérant qu'il seroit absurde de penser qu'il peut être le partisan, encore moins qu'il peut avoir les principes des fédéralites, lui qui s'en montra si ouvertement l'ennemi, et qui en fut l'infortunée victime; que son emprisonnement le justifieroit, s'il pouvoit en avoir besoin, de la manière la plus complète, et répondroit victorieusement à toutes les calomnies dont on chercheroit à le noircir; que, bien loin d'entrer dans les vues des contre-révolutionnaires, il est évident au contraire qu'il ne leur devint odieux, et ne fut sacrifié, que parce qu'il chercha à les découvrir et à les combattre : considérant qu'il est sans exemple, qu'un partisan des sections ait subi le moindre mauvais traitement, encore moins les horreurs d'un cachot, et qu'il seroit souverainement injuste, qu'après avoir été la victime de l'aristocratie, qu'on a constamment poursuivie, on se trouvât encore en butte au patriotisme que l'on a toujours bien servi : considérant que les chaînes pesantes dont fut ignominieusement chargé le citoyen Bernard, forment le dernier fleuron qui manquoit à sa couronne civique ; qu'elles sont la preuve la plus sensible de son amour pour la liberté, et qu'elles doivent le rendre infiniment cher à tous les républicains : considérant, enfin, que son patriotisme, depuis notre immortelle révolution, s'est toujours soutenu à la même hauteur, et qu'ayant été l'apôtre et le défenseur continuel de la liberté, il a fini par en être le martyr ; que tant de vertu et de constance, à travers tant de dangers et de persécutions, méritent les plus grands éloges, et l'hommage le plus éclatant.

La société a unanimement délibéré, et par acclamation, de répondre au comité des décrets, que le citoyen Marc-Antoine Bernard, un des députés du département des Bouches du Rhône à la Convention nationale, a donné, dans tous les temps, des preuves éclatantes du plus pur civisme; qu'il a constamment professé les principes d'un vrai républicain, et qu'il a les droits les plus assurés à son estime, à sa reconnoissance et à son amour; qu'elle saisit avec empressement l'occasion qu'elle désiroit depuis si long-temps, de témoigner, de la manière la plus publique et la plus solemnelle, tous les sentimens dont elle est pénétrée pour lui, et qu'elle lui doit pour tant de services qu'il n'a cessé de lui rendre; qu'elle iroit toute entière, s'il le falloit, et, si la chose étoit possible, porter ses vœux et ses sentimens à la barre même de la Convention; que, si elle n'étoit pas satisfaite de ces témoignages authentiques, elle n'a qu'à parler, et demander ce qu'elle exige de plus de sa part : il n'y a pas de sacrifices, de démarches qu'elle ne fût disposée de faire pour celui qu'elle regarde, et qu'elle regardera toujours comme le principe du patriotisme de cette Commune, et de toutes les vertus qui s'en suivent. Il a été encore délibéré, qu'extrait de la présente sera envoyé, sans délai, au comité des décrets, pour qu'il soit rendu au citoyen Bernard toute la justice que ses vertus civiques lui donnent droit d'attendre de l'assemblé la plus sage et la plus équitable.

La délibération ci-dessus a été vue et approuvée par le comité de surveillance de la Commune de Châteaurenard, qui a déclaré qu'elle contenoit vérité.

A PARIS, de l'Imprimerie de DESENNE, rue des Moulins, près la rue neuve des Petits-Champs, N°. 25, 1793.

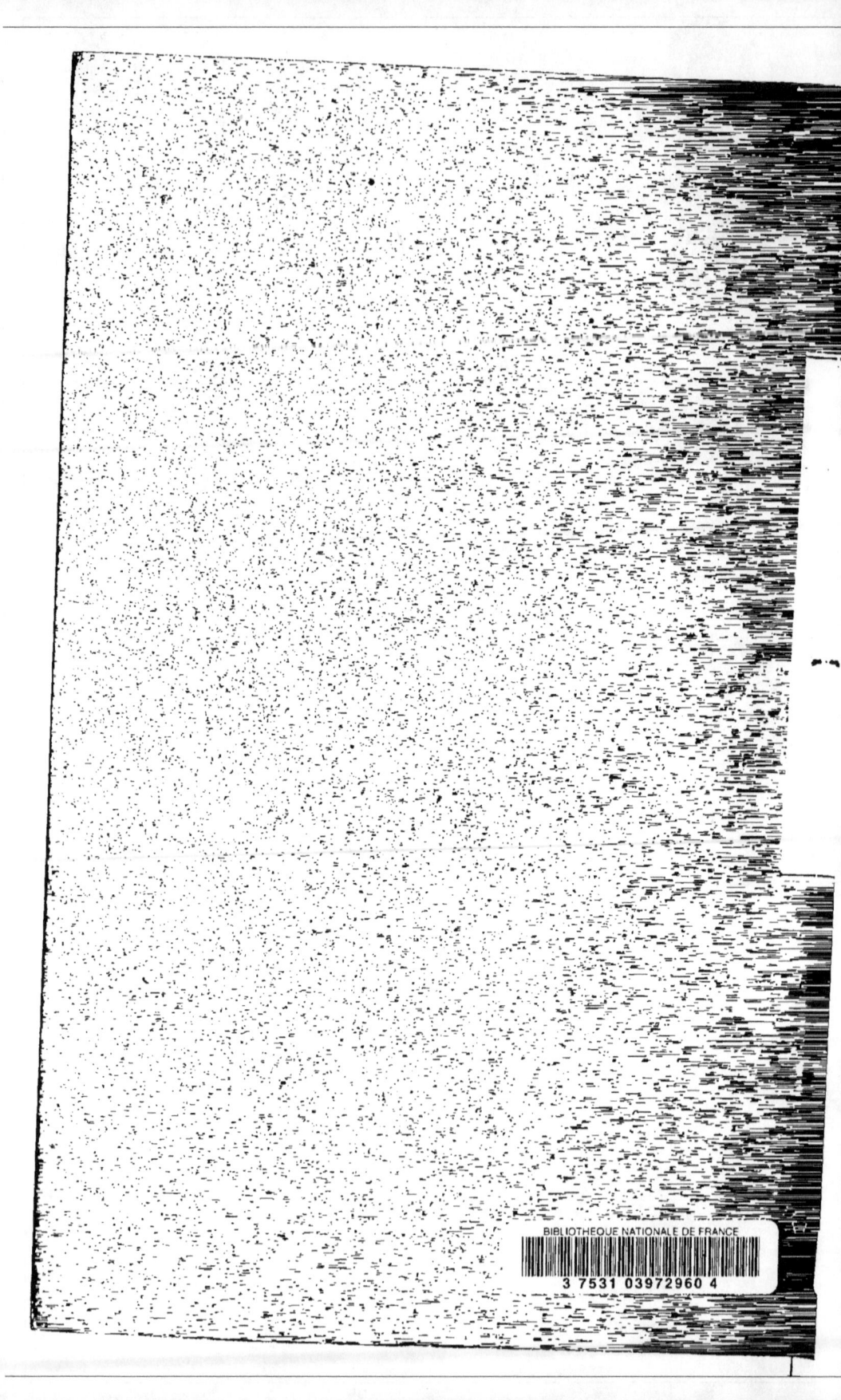

www.ingramcontent.com/pod-product-compliance
Lightning Source LLC
Chambersburg PA
CBHW060635050426
42451CB00012B/2603